GeschichtenZauber

Von tapferen Indianern

GeschichtenZauber

Von tapferen Indianern

Loewe

Bibliografische Information Der Deutschen Bibliothek
Die Deutsche Bibliothek verzeichnet diese Publikation in der Deutschen Nationalbibliografie; detaillierte bibliografische Daten sind im Internet über *http://dnb.ddb.de* abrufbar.

Der Umwelt zuliebe ist dieses Buch auf chlorfrei gebleichtem Papier gedruckt.

ISBN 3-7855-5138-X – 1. Auflage 2004

Umschlagillustration: Sabine Kraushaar
Umschlaggestaltung: Andreas Henze
Gesamtherstellung: aprinta Druck, Wemding
Printed in Germany

www.loewe-verlag.de

Inhalt

Katja Reider

Kleine Indianergeschichten

Illustrationen von Julia Ginsbach

Rettende Rauchzeichen

Kleine Wolke kann schneller rennen als alle Jungen seines Stammes.

Er kann mit Pfeil und Bogen umgehen und ohne Sattel reiten.

Aber eines Tages stürzt Kleine Wolke vom Pferd. Er schlägt sich das Knie auf.

Die Wunde entzündet sich, und Kleine Wolke bekommt hohes Fieber.

Blaue Feder, seine Mutter, wacht bei ihm. Sie macht sich große Sorgen.

Ob der Schamane die bösen Geister vertreiben kann?

Blaue Feder bittet ihn:
„Hilf meinem Sohn!"

Der weise Mann nickt: „Bring mir die heilenden Kräuter von der Biegung des Flusses. Dann werden wir sehen!"

Aber der Fluss ist weit,
und es gibt keine Pferde im Lager.
Denn alle Männer des Stammes
sind auf der Jagd. – Was nun?

„Halt durch, Kleine Wolke", flüstert
Blaue Feder. „Wir holen deinen Vater!"

Auf einem Felsen
wird ein Feuer entzündet
und mit feuchtem Gras bedeckt.

Über dem aufsteigenden
Rauch ziehen zwei alte Indianer
eine Decke hin und her.

Großer Wolf, der Vater von Kleine Wolke, sieht die Rauchzeichen. „Komm zurück!“, sagen die Signale.

Als die Sonne hoch am Himmel steht, erreicht Großer Wolf das Lager. Blaue Feder erzählt, was geschehen ist.

Großer Wolf reitet sofort weiter,
um die Heilkräuter zu holen.

Jetzt kann der Schamane den Jungen behandeln. Er zerstampft die Kräuter und reibt die Paste vorsichtig auf das entzündete Knie.

Kleine Wolke fällt in einen tiefen Schlaf.
Er schläft eine Nacht und einen Tag.

Endlich schlägt er die Augen auf.
„Wie geht es dir?“, fragt seine Mutter.

„Ich habe Hunger“, sagt Kleine Wolke.
„Ich könnte einen ganzen Büffel essen!“

Blaue Feder lacht. „Nur zu! Dein Vater hat frisches Fleisch mitgebracht. Heute feiern wir ein Fest!“

Büffeljagd

„Nimm mich mit zur Büffeljagd, Vater!“, bittet Kleiner Bär immer wieder.

Aber Großer Kojote schüttelt den Kopf. „Du bist noch zu jung“, sagt er jedes Mal.

Doch Kleiner Bär bettelt so lange,
bis sein Vater zustimmt.

Als die Büffel näher kommen,
reiten die beiden los.

Schon von weitem hört Kleiner Bär das Stampfen der tausend Hufe.

Dann sieht er eine riesige Staubwolke.

Die Erde bebt. Jetzt sind die Büffel da.

Kleiner Bär zittert am ganzen Körper.
„Ich kann nicht!“, sagt er.

Wie gehetzt galoppiert er zurück
ins Lager.

Sein Vater reitet weiter.
Die Büffel warten nicht.

Am Abend feiern die Indianer
ihre erfolgreiche Jagd.

Nur Kleiner Bär sitzt traurig im Tipi.
Sein Vater geht zu ihm.

„Du brauchst dich nicht zu schämen“, sagt Großer Kojote. „Du hast erkannt, dass deine Stunde noch nicht gekommen war. Also hast du richtig gehandelt.“

„Denkst du wirklich so?“, fragt
Kleiner Bär. Sein Vater nickt.

Dann gehen sie hinaus
zu den anderen. Seite an Seite.

Angel-Geheimnisse

Jeden Tag spielen Kleine Sonne und Runder Mond am Ufer des großen Flusses.

Sie lassen Steinchen springen und lachen über ihr Spiegelbild.

„Kommst du mit zum Fluss?“, fragt Kleine Sonne auch heute.

Aber Runder Mond läuft einfach an ihr vorbei. Nanu?!

Leise folgt Kleine Sonne ihrem Freund.

Aha! Runder Mond trifft sich mit Grauer Elch. Den kann Kleine Sonne sowieso nicht leiden!

Da entdeckt Grauer Elch das kleine Indianermädchen.

„Geh ins Tipi zu deinen Puppen“, sagt er grob.

Aber so leicht lässt sich Kleine Sonne nicht abschütteln.

Sie hockt sich ins Gras und wartet.

Die beiden Jungen gehen hinüber zu den Weidensträuchern.

Sie schneiden die Gerten und befestigen lange Pferdehaare daran.

Aha! Runder Mond und Grauer Elch wollen angeln.

Ob sie wohl wissen, bei welchen Würmern die Fische besonders gut anbeißen?

Erst neulich hat Leiser Wind, die Tante von Kleine Sonne, den Kindern die besten Köder gezeigt.

Aber Grauer Elch hat verächtlich gesagt: „Was weiß eine alte Squaw schon ...?“

Kleine Sonne holt ihre Angel und sammelt die Würmer, die ihre Tante ihr gezeigt hat.

Bald angelt sie einen Fisch nach dem anderen.

Die Jungen haben erst zwei kleine Fische gefangen. Verstohlen blicken sie zu Kleine Sonne hinüber.

Nach einer Weile wirft Grauer Elch seine Angel ins Wasser und rennt wütend davon.

Zögernd kommt Runder Mond näher.
„Zeigst du mir, wie es geht?“,
fragt er leise.

Kleine Sonne lächelt. „Vielleicht“,
sagt sie und zwinkert ihm zu.

Abschied von Blaue Blume

Blaue Blume schaut zum Horizont.
Gleich wird die Sonne untergehen.

Es ist Zeit. Blaue Blume läuft schneller.

Im Schatten der drei spitzen Felsen
steht Mutiger Adler. Er wartet auf sie.

Wie jeden Abend seit dem Sonnentanz.

Da hat Blaue Blume mit den Mädchen ihres Stammes getanzt ...

... und Mutiger Adler hat ihr bewundernd zugeschaut.

Aber jetzt ist das Sommer-Lager der Sioux vorbei. Die Gruppen ziehen weiter.

Blaue Blume und Mutiger Adler müssen Abschied nehmen.

„Ich habe Mokassins für dich gemacht“, sagt Blaue Blume leise.

Mutiger Adler nimmt die Schuhe entgegen. „Sie sind wunderschön“, sagt er.

Für einen Moment strahlt Blaue Blume.

Aber dann fragt sie traurig:
„Werden wir uns wieder sehen?“

Mutiger Adler nickt. „Wenn das Gras der Prärie leuchtet, treffen sich unsere Gruppen am gelben Fluss.

Bis dahin werde ich bei jedem Schritt an dich denken.“

Margret Rettich

Winni, der kleine Indianer

Illustrationen von der Autorin

Winni ist ein kleiner  .

Winni möchte bald ein großer 

sein. Wie ein großer  möchte

er eine  im  tragen. Wie ein

großer  möchte er mit  und

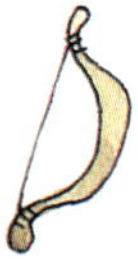 schießen. Wie ein großer 

möchte er auf einem  reiten.

Aber dazu ist Winni noch zu klein.

Winni muss dableiben, wenn die

großen  wegreiten und jagen.

„Wann nehmt ihr mich endlich

mit?“, fragt Winni immer wieder.

„Erst, wenn du alles kannst“,

sagen die großen  .

„Du musst noch sehr viel lernen.“

Winni will schnell alles lernen.

Er übt und schießt mit  und 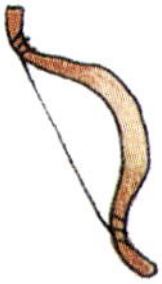

 vom . „Darf ich jetzt mit?“,

fragt Winni. Die großen  sagen:

„Du musst einen  erwischen.“

Das kann Winni noch nicht.

Winni lernt, Spuren zu lesen:

ein , ein  oder ein .

„Darf ich jetzt mit?“, fragt Winni.

Die großen  sagen: „Erst musst

du erkennen, ob es ein  war.“

Das kann Winni nicht erkennen,

weil nie ein  vorbeikommt.

Winni lernt noch mehr. Er kennt

bald alles, was wächst. Er weiß,

welche  süß sind. Er weiß,

welche  giftig sind. Er weiß,

welche  gut schmecken.

„Darf ich jetzt mit?“, fragt Winni.

Die großen  sagen: „Erst musst

du auch wissen, wo  wächst.“

Winni weiß nicht, wo  wächst,

und die großen  lachen.

Dabei weiß Winni schon viel.

Wenn Winni zur 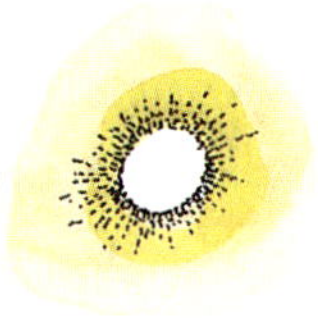 hochguckt,

weiß er, wie spät es ist. Wenn er

 sieht, weiß er, dass es regnen

wird. Wenn er den  hochhält,

weiß er, woher es weht. Winni

findet, dass er genug weiß. Wenn

ihn die großen  nicht

mitnehmen, geht er alleine los.

Winni wandert bergauf, bergab,

linksrum, rechtsrum, geradeaus.

Einmal dreht er sich um. Er denkt:

„Hier ist jemand vorbeigekommen."

Aber das war kein , kein 

und kein . Hoffentlich war das

kein  ! „Das war ich ja selber“,

denkt Winni und ist beruhigt.

Dann wandert er wieder weiter.

Bergauf, bergab und geradeaus.

Jetzt steht die 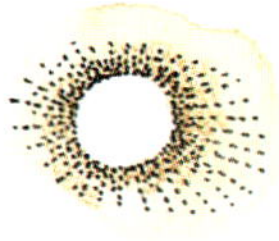 ganz hoch.

Winni ist hungrig geworden. Aber

er weiß ja, welche  süß sind.

Winni isst sich satt. Dann legt er

sich ins  und schläft ein.

Winni hat sehr viele süße 

gegessen. Das schnuppern die

wilden . Schon sind sie da

und summen um Winni herum.

Winni wacht auf und ruft: „Weg

mit euch!“ Es kommen immer

mehr wilde . Da reißt er aus.

Winni rennt, bis er ans 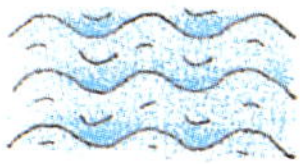

kommt. Er springt rein und taucht

unter. Endlich schwirren die

wilden  wieder weg.

Winni kommt aus dem  raus.

Die 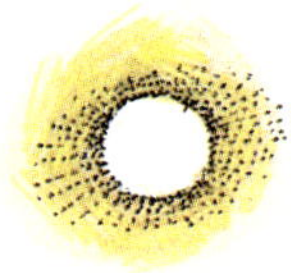 ist warm, und bald ist

Winni wieder trocken. Schon sind

die wilden  wieder da. Diesmal

reißt Winni nicht aus. Er sieht, dass

die wilden  in einem hohlen

 hausen. Dort haben sie ihren

 versteckt. Winni nimmt 

und lässt sie voll  tropfen.

Den  will er den großen 

mitbringen. Vielleicht nehmen sie

Winni dann endlich mit.

Winni dreht sich um und geht

zurück. Er merkt nicht, dass der

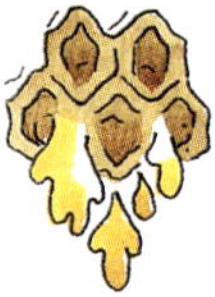 von den  tropft.

Winni merkt auch nicht, dass ihm

ein großer  folgt. Der  tut

Winni nichts. Er will  schlecken.

Die 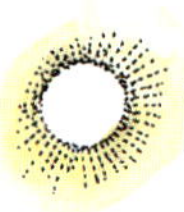 ist weg, und der  ist da.

Die großen  hocken ums .

Sie reißen die  auf, als Winni

mit dem  kommt. „Dreh dich

nicht um!“, rufen sie und nehmen

 und  hoch. Aber Winni dreht

sich doch um. Hinter Winni steht

der große  und brummt. „Weg

mit dir!“, ruft Winni ganz laut.

Dann nimmt er seinen 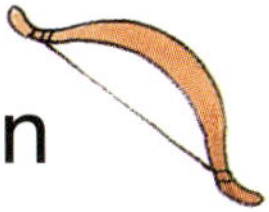 und

schießt einen  ab. Als der 

den  genau hintenrein trifft,

läuft der  davon.

„Das war sehr tapfer“, sagen die großen . „Nehmt ihr mich jetzt endlich mit?“, fragt Winni.

Und er erzählt, was er alles weiß

und kann. Da sagen die großen

 : „Alles kannst du noch nicht.

Du musst noch reiten lernen.“

Hinten weiden die  . Die großen  bringen ein junges  für Winni. Sie sagen: „Wenn du oben bleibst, darfst du mit.“

Auf dem jungen  hat noch nie

jemand gesessen. Nun klettert

Winni hoch und will reiten. Das

gefällt dem  aber nicht.

Mal geht das  vorn und mal

hinten hoch. Es springt hin und

her, und Winni hält sich ganz fest.

Winni bleibt oben. Die großen 

sagen: „Nun nehmen wir dich mit!“

Und sie stecken Winni die  ins .

Die Wörter zu den Bildern:

Indianer

Feder

Haar

Pfeil

Bogen

Pferd

Blätter

Baum

Vogel

Hase

Igel

Bär

Beeren

Pilze

Nüsse

Honig

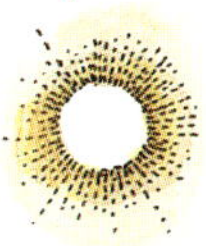

Sonne

Wolken

Finger

Gras

Bienen

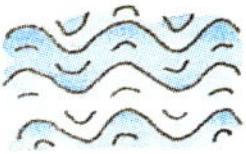

Wasser

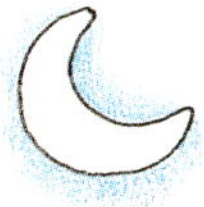

Mond

Feuer

Augen

Ingrid Kellner

Kleiner Indianer, schnell wie der Wind

Illustrationen von Katja Kersting

Yana und Hopi

Yana und Hopi wohnen mit vielen anderen  beim großen .

„Heute gehen wir zusammen in den . Wir müssen  sammeln“, sagt ihre Mutter, als die  aufgeht. „Und wir brauchen  für unser .“

„Prima!“, lachen Yana und Hopi.

Sie wandern durch das hohe 

bis zum . Unter den 

findet Yana viele schöne .

Sie macht aus  einen 

und legt die  hinein.

Hopi aber will keine  sammeln,

er möchte viel lieber spielen.

Der kleine  schaut den   zu

und rennt den  nach.

„Hopi, du sollst uns helfen!“,

ruft seine Mutter. Doch er hört nicht.

Als die Mutter von Yana und Hopi

genug  gesammelt hat und

zurück zum  gehen will, ist der

kleine  nirgends mehr zu sehen.

„Ich werde Hopi suchen“, schlägt

Yana vor und geht seiner  nach.

Doch was ist das? Neben der 

des kleinen  entdeckt Yana

noch eine . Sie führt zu einem

kleinen , der am  sitzt.

„Hast du Hopi gesehen?“, fragt Yana.

Der  nickt: „Er ist zum 

gelaufen.“ – „Danke“, sagt das 

und schenkt dem  einen .

Der  schrubbt den  gleich

sauber und knabbert ihn auf.

Hopi will lieber spielen

Yana läuft am  entlang bis zum großen . Dort hat der  seine  gebaut, mitten im . Auf der  spielt Hopi mit einem kleinen .

„Hopi, komm her!“, ruft Yana.

Aber der kleine  lacht nur.

„Nein, ich will bei dem kleinen 

bleiben und spielen.“ Schnell

nimmt das  die  eines 

und macht daraus ein .

Damit paddelt sie hinüber zur .

Aber der kleine  ist schon wieder verschwunden. „Wo ist Hopi jetzt?“, fragt Yana, doch der  will es nicht verraten. Da gibt Yana ihm einen . Jetzt antwortet der :

„Der große  hat Hopi wieder ans  gebracht, er will den kleinen  besuchen.“ Das  paddelt gleich ans andere  und wandert zur  der . Vor der  steht ein hoher .

In seinen  klettern Hopi und der kleine . „Hopi, komm runter!“, ruft Yana. Aber der kleine  lacht: „Ich mag nicht. Der kleine  und ich spielen gerade so schön.“ Hopi steigt bis zur  hinauf.

Plötzlich kommt ein riesiger  geflogen. Er packt den kleinen  mit seinen  und fliegt mit ihm fort. Yana hält erschrocken ihre  vor den . Sie fragt den : „Weißt du, wo der  wohnt?“

Der kleine  schüttelt den :

„Nein, aber der große  weiß es."

Der kleine  klettert vom .

Er tapst in die  und weckt

den großen  auf. „Der  hat

sein  auf dem blauen ", sagt

er. „Aber der  dorthin ist weit."

Yana schenkt dem  alle  .

Jetzt ist ihr  leer. „Dafür werde ich

dich zum blauen  bringen“, sagt

der große  . Das  steigt auf

seinen , und der große  trägt

es den weiten  zum blauen  .

Weil Yana so müde ist, schläft sie

ein und träumt, dass der  mit

Hopi noch weiter wegfliegen will.

„Nein!“, schreit das  und plumpst

ins weiche  .

Yana reibt sich die .

„Hoppla“, brummt der große .

„Wir sind da. Aber jetzt muss ich

wieder zurück zum kleinen 

und meiner .“

Das  steht ganz allein vor dem

blauen . Er ist so kalt und glatt,

dass Yana nicht hinaufklettern kann.

Traurig setzt sie sich ins .

Wie soll sie nur zu Hopi kommen?

Yana bekommt Flügel

Da bemerkt Yana eine alte ,
die aus einer kleinen  kommt.
„Warum weinst du?“, fragt die 
das  freundlich. „Weil ich nicht
auf den  klettern kann. Ganz
oben hat der  sein . Dort
ist Hopi gefangen“, antwortet Yana.

„Ich muss ihn wieder zurück zu den

anderen  bringen. Bitte, hilf mir!“

„Was gibst du mir dafür?“, fragt

die weise alte . Das  überlegt.

„Ich habe keine  mehr.

Aber vielleicht willst du meine ?“

„Danke“, sagt die weise alte .

Dann geht sie in ihre  und holt

einen  aus . Den legt sie

Yana um die . Dabei singt sie:

„Flieg wie der , stark und frei.

Mit  wie ein  sei!“

„Ich kann fliegen!“, jubelt Yana.

Mit dem  fliegt das  bis oben

auf den blauen  . Es landet

direkt beim  des , wo Hopi

mit den  spielt. Der große 

breitet seine  über ihnen aus.

Als der kleine  Yana bemerkt,

lacht er und sagt: „Jetzt habe ich

genug gespielt. Zuerst mit dem ,

dann mit dem kleinen  und

jetzt mit den . Nun will ich

zurück zu den anderen .“

Yana nimmt Hopi in die 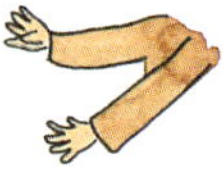 und

schwebt mit ihm bis vor die 

der weisen alten . „Hier hast

du den  zurück“, sagt das .

„Behalte ihn“, lächelt die alte .

„Danke“, sagt Yana und fliegt

mit Hopi den ganzen, weiten 

zurück: über die  der ,

den  und den großen .

Endlich landet sie vor ihrem .

Um das  sitzen schon

die anderen  und feiern.

„Vater! Mutter!“, ruft Hopi fröhlich,

und Yana freut sich auch.

Der Vater der kleinen  hat

Yana eine bunte  mitgebracht.

Hopi bekommt  und .

Damit kann er morgen spielen.

Die Wörter zu den Bildern:

Indianer

Wald

Pilze

Sonne

Holz

Lagerfeuer

Gras

Bäume

Zweige

Korb

Indianerjunge

Käfer

Vögel

Tipi

Spur

Waschbär

Bach

Biber

Indianermädchen

Felsen

Biberburg

Rinde

Kanu

Ufer

Bär

Höhle

Äste

Baumspitze

Adler

Krallen

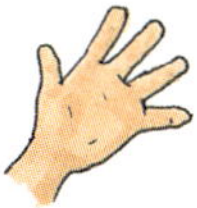

Hand

Mund

Kopf

Nest

Berg

Weg

Rücken

Augen

Frau

Hütte

Kette

Umhang

Federn

Schultern

Flügel

Adlerjungen

Arme

Pfeil

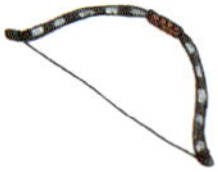
Bogen

Werner Färber

Eine Geschichte vom kleinen Indianer

Illustrationen von Gabi Selbach

Winnotamis erste Feder

„Heute sollst du dir deine

erste  verdienen“, sagt der

große  zu Winnotami.

Er zählt auf, was der kleine 

dafür tun muss:

„Erst schleichst du leise wie

eine  durch den .

Dann schwimmst du schnell

durch den reißenden .

Drüben machst du ein .

Mit einem einzigen  schießt

du einen  vom  .

Wenn du den  über dem 

gebraten hast, überreiche ich dir

deine erste  ."

Winnotami schleicht lautlos von 

zu  . Auf 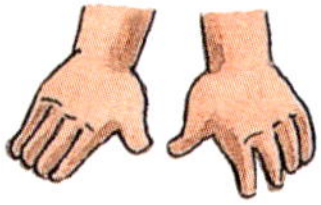 und 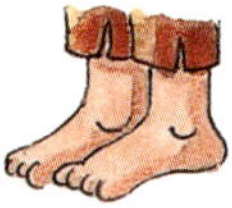

kriecht er durch die  .

Schon ist er am  .

Er taucht bis zum großen .

Dort atmet er tief durch. Flink wie

ein  schwimmt er weiter.

Als er drüben ist, sammelt

Winnotami trockene  .

Geschickt dreht er einen  hin

und her. Es knistert und knackt.

Jetzt noch ein paar  drauf,

und schon flackert das  .

Winnotami nimmt einen  ,

spannt den  und zielt

sorgfältig auf den  .

Der  saust mittendurch.

Doch der  bleibt am 

hängen. Winnotami überlegt, ob er

wohl am  schütteln darf.

Verboten hat es der 

jedenfalls nicht. Aber da plumpst

der  auch schon ins  .

Winnotami hat es geschafft.

Stolz nimmt er vom 

seine erste  entgegen.

Die Wörter zu den Bildern:

Feder

Häuptling

Indianer

Katze

Wald

Fluss

Feuer

Pfeil

Apfel

Baum

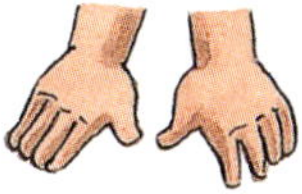
Hände

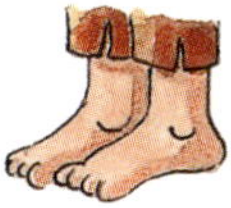
Füße

Büsche

Felsen

Fisch

Blätter

 Stock

 Ast

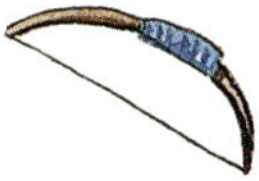 Bogen

 Gras

Quellenverzeichnis

Seite 11–47, Katja Reider: *Kleine Lesetiger-Indianergeschichten*
Ill. v. Julia Ginsbach
© 2001 Loewe Verlag GmbH, Bindlach

Seite 49–79, Margret Rettich: *RiRaRutsch – Winni, der kleine Indianer*
Ill. v. d. Autorin
© 1994 Loewe Verlag GmbH, Bindlach

Seite 81–111, Ingrid Kellner: *Lesefrosch – Kleiner Indianer, schnell wie der Wind*
Ill. v. Katja Kersting
© 2003 Loewe Verlag GmbH, Bindlach

Seite 114–121, Werner Färber: *Winnotamis erste Feder*
Aus: ders.: *Bildermaus – Geschichten vom kleinen Indianer*
Ill. v. Gabi Selbach
© 1999 Loewe Verlag GmbH, Bindlach

Der Geschichten Zauber weckt die Leselust
Geschichten Zauber
Von Abenteuern und Gefahren
Geschichten Zauber
Von Geistern und Gespenstern
Geschichten Zauber
Von tapferen Indianern
Geschichten Zauber
Von Piraten und Seebären
Geschichten Zauber
Von Geheimnissen und Überraschungen
Geschichten Zauber
Von Rittern und Burgen
Geschichten Zauber
Von Fußballern und Toren
Loewe

Geschichten Zauber
Von Zauberern und Magiern
Loewe
Geschichten Zauber
Von kleinen und großen Hexen
Loewe
Geschichten Zauber
Von Detektiven und Spürnasen
Loewe
Geschichten Zauber
Von Ponys und Pferden
Loewe
Geschichten Zauber
Vom Bauernhof und seinen Tieren
Loewe
Geschichten Zauber
Von Freundinnen und Freunden
Loewe
Geschichten Zauber
Von lustigen Schulstunden
Loewe
Geschichten Zauber
Von Tieren und Tierfreunden
Loewe
Geschichten Zauber
Von der schnellen Feuerwehr
Loewe